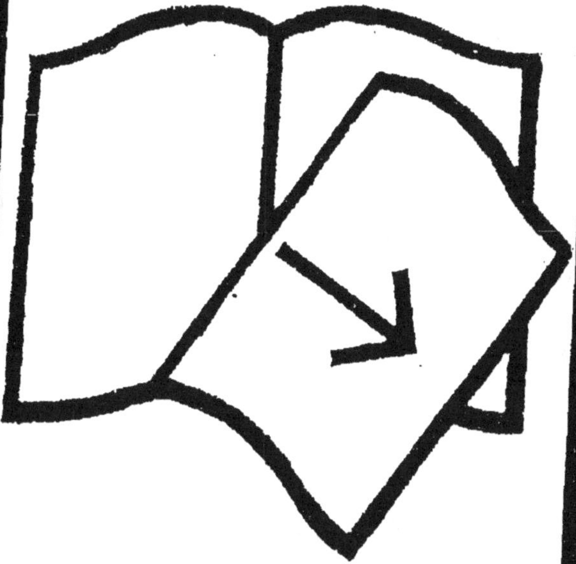

Couvertures supérieure et inférieure manquantes

Extrait de « L'Université Catholique »

CARNOT

ET

Le Comte de Vaublanc

1791-1815

UNE LETTRE AUTOGRAPHE
DU LIEUTENANT-GÉNÉRAL CARNOT, MINISTRE DE NAPOLÉON

PAR

Clarisse BADER

LYON
IMPRIMERIE EMMANUEL VITTE
Rue de la Quarantaine, 18

1899

CARNOT & LE COMTE DE VAUBLANC
(1791-1815)

UNE LETTRE AUTOGRAPHE DU LIEUTENANT-GÉNÉRAL CARNOT
MINISTRE DE NAPOLÉON

Une lettre autographe de Carnot, datée du 28 mars 1815, au début des Cent-jours, se trouvait dans la collection Barrière qu'il nous fut donné d'exhumer en 1892. Le nom du destinataire n'y figurait pas, mais le contenu de la lettre nous apprenait qu'elle s'adressait à un préfet dont la démission était acceptée au retour triomphal de l'île d'Elbe. En annonçant au préfet des Bourbons qu'il était remplacé, le lieutenant-général Carnot, le nouveau ministre de l'Empire à l'intérieur, honorait hautement le caractère de l'homme politique qui se retirait.

Cet autographe fut acquis par une personne qui désirait en offrir l'hommage au président Carnot.

Une copie de ce document était demeurée entre mes mains depuis six ans. J'ignorais toujours le nom du destinataire et j'attendais le moment où mes occupations me permettraient de le retrouver à l'aide d'un indice : le nom du successeur donné au démissionnaire. Et voici que, ces derniers jours, tandis que d'autres recherches me faisaient lire les mémoires du comte de Vaublanc, j'y découvre, citée en grande partie, la lettre de Carnot : elle était adressée à l'auteur même des mémoires, alors préfet de Metz.

Plusieurs des papiers de M. de Vaublanc se trouvaient dans la collection de M. Barrière, qui avait publié une nouvelle édition des mémoires laissés par cet homme d'Etat.

Ces papiers lui avaient été communiqués par M. de Boullenois, neveu du comte de Vaublanc, et qui lui avait servi d'intermédiaire pour obtenir de Mme Potter, la vaillante fille de l'ancien ministre, la permission de rééditer un choix des mémoires de son père. Elle l'avait gracieusement accordée, en y mettant la condition que rien ne fût ajouté au texte de la première édition. M. Barrière obtint cependant de substituer aux considérations historiques qui formaient le premier livre des mémoires politiques de M. de Vaublanc, des souvenirs de jeunesse demeurés inédits (1).

Le soin avec lequel Mme Potter veillait à ce que les mémoires de son père fussent scrupuleusement reproduits, témoigne de l'exactitude du dernier texte. Nous l'avons dit dans un récent article du *Journal des Débats*, le très érudit M. Barrière appartenait à la vieille école historique qui retouchait volontiers de quelques délicats et brillants coups de pinceau les tableaux qu'elle exhumait.

Les mémoires de M. de Vaublanc n'étaient pas d'ailleurs de ceux où, selon la mordante expression de Sainte-Beuve (2), l'éditeur avait à « mettre le pouce ». Ces mémoires avaient en eux-mêmes une vie assez intense pour se passer de ce secours. Il l'avait compris, le célèbre romancier qui, par une lettre demeurée jusqu'en 1892 dans la collection de M. Barrière, demandait à l'aimable publiciste où se trouvaient ces mémoires qui lui paraissaient renfermer « de précieux documents ». C'était Eugène Sue qui recherchait, sans doute pour ses romans historiques, ces documents humains, ces documents vécus.

La lettre de Carnot à M. de Vaublanc m'amenait à

---

(1) *Mémoires du comte de Vaublanc*. 1 vol. Paris, Firmin Didot, 1883.

(2) Lettre inédite publiée par nous dans le *Journal des Débats* du 19 juin dernier.

étudier les relations qui avaient pu s'établir entre l'ancien conventionnel et le vieux royaliste : elles dataient de loin, et avaient pour épilogue la lettre reçue par le préfet de la Moselle aux jours d'angoisses où Metz était menacé par l'aigle noir qui, cinquante-cinq ans après, hélas ! devait le saisir dans ses serres.

I

Carnot et M. de Vaublanc s'étaient rencontrés en 1791-1792 à l'Assemblée législative. L'ancien capitaine du génie, qui toutefois siégeait au centre, était entré dans cette assemblée pour faire progresser le mouvement révolutionnaire, l'ancien officier du régiment de la Sarre pour s'efforcer de l'enrayer. Certes il avait fallu à ce dernier un courage plus grand et plus persévérant que celui du champ de bataille pour accepter le mandat des électeurs de Seine-et-Marne et la troisième présidence de l'assemblée, pour braver chaque jour les huées, les vociférations, les cris de mort qui l'assaillaient dans les couloirs des Feuillants et dans cette salle où l'attendaient sans cesse de nouveaux combats. Alors que des fédérés, trois jours après avoir voté la constitution, la violaient en venant réclamer à la barre de l'Assemblée « la suspension du pouvoir exécutif dans la personne du roi », la punition du directoire du département de la Seine, le renouvellement des corps judiciaires, M. de Vaublanc pouvait bien se borner à répondre, comme l'a dit le chancelier Pasquier « qu'il ne fallait pas désespérer du salut public » (1). Mais quand les motions révolutionnaires étaient portées à la tribune, il savait défendre contre les violences jacobines la majesté royale, la liberté des prêtres insermentés, les biens des émigrés et, cette fois avec succès, la vie de Lafayette, victoire qui

(1) *Mémoires du chancelier Pasquier*, publiés par M. le duc d'Audiffret-Pasquier.

faillit le faire massacrer. Il ne lui fallut pas moins de vaillance pour s'opposer, mais vainement, à l'amnistie accordée aux brigands d'Avignon et à leur chef, l'horrible Jourdan *Coupe-tête*, pour dénoncer ouvertement la redoutable puissance du club des Jacobins et des autres sociétés populaires ; enfin pour oser s'unir à l'accusation de Beugnot contre ce hideux reptile qui eut nom Marat.

Superbe encore fut son attitude le jour où, entrant à l'Assemblée pendant qu'on y lisait une dénonciation portée par un fils contre son père, il la flétrit comme le crime d'un parricide, et obtint que le lecteur n'achevât point une lecture indigne d'une assemblée française.

C'était assez, c'était plus qu'il n'en fallait pour obtenir les honneurs de la proscription. M. de Vaublanc s'en était déjà montré digne trois fois, lorsque le 13 vendémiaire, il se joignit aux hommes d'ordre qui avaient cru pouvoir arrracher le pays au joug de la Convention. Mais il aurait fallu un chef, ce chef manquait, et, comme le fait remarquer avec autant d'indignation que de tristesse le chancelier Pasquier, c'est ainsi que les 60.000 baïonnettes qui attaquaient la Convention furent impuissantes devant les 3 à 4 mille soldats qui la défendaient, mais ceux-ci étaient commandés par Bonaparte.

Comme M. Pasquier, M. de Vaublanc avait compris la leçon des événements, et cette leçon était toujours la même depuis le commencement de la Révolution.

« Certes, ce qu'on appelle l'*opinion publique* s'était bien déclarée alors à Paris ; c'était celle de toute la France : vous voyez ce qu'elle a produit. Cinq cents conjurés déterminés, conduits par un seul homme, auraient renversé la Convention ; mais cette chose indéfinissable, qu'on appelle *opinion publique*, fortifiée par le souvenir tout récent de tant d'horreurs, accrue par une haine violente, tous les jours de plus en plus manifestée, n'a servi qu'à faire mitrailler de bons citoyens pour une cause qu'ils n'ont jamais su défendre. Jamais ils ne la feront triompher, même dans les circonstances les plus favorables. Bientôt j'en donnerai une centième preuve. Cela vient de notre caractère. En France, l'autorité seule peut agir, seule peut se maintenir ou se détruire. Hors d'elle, point d'action, par l'impuissance de reconnaître des chefs. Si la Convention n'avait pas nommé un chef ou s'il avait été incertain, indécis, elle aurait succombé. Mais elle avait Bonaparte, le seul homme qui, dans nos crises politiques, ait montré une détermination aussi impétueuse que décidée. Si Bonaparte avait commandé les défenseurs du trône, le 10 août 1792, il aurait triomphé plus facilement encore que dans ce 13 vendémiaire dont je viens de parler. »

Et plus facilement encore Louis XVI si, au 20 juin, comme le disait plus haut M. de Vaublanc, il s'était mis à la tête de l'armée : « Les Français reconnaissant leur roi à cheval, en uniforme, environné d'une troupe de braves comme lui, je suis fermement convaincu que le roi n'eût été embarrassé que de l'immense multitude qui aurait voulu l'accompagner, et que des factieux même auraient brigué cet honneur. Je suis convaincu que le Conseil général de Paris et plus de deux cents députés auraient obéi à ses ordres. Il faut connaître bien peu le caractère français pour ne pas savoir quel élan on peut lui imprimer quand on sait profiter d'une circonstance favorable. »

A la suite du 13 vendémiaire, M. de Vaublanc fut condamné à mort par contumace. Mais bientôt un mandat du collège électoral de Seine-et-Marne allait le porter au Conseil des Cinq-Cents.

Tels n'étaient pas les antécédents de Carnot, Carnot, le conventionnel qui avait voté la mort de Louis XVI ; Carnot, le membre du Comité de Salut public qui avait été l'associé de Robespierre, de Saint-Just et de leurs acolytes dans leur sanguinaire besogne. Et cependant il avait pleuré en prenant sa part du régicide. Six mois avant, le 3 juillet 1792, alors que Dumas défendait contre Vergniaud le malheureux roi et que les violentes interruptions des Jacobins couvraient sa voix, Carnot avait eu une noble parole : « Je demande la liberté pour toutes les opinions. La France est fatiguée de nos dissensions, et ce sont les plus grands amis de la liberté, ou du moins ceux qui veulent passer pour tels, qui mettent ordinairement la discorde dans l'Assemblée. » M. de Vaublanc avait cité cette parole. Il s'était uni à Carnot pour demander qu'un hommage fût rendu à deux vaillants hommes de guerre, « victimes d'une féroce indiscipline », les généraux Théobald Dillon et Berthois, massacrés par leurs soldats pour n'avoir point violé des ordres supérieurs. Au nom du Comité militaire, Carnot avait proposé qu'un monument leur fût élevé sur le glacis de Lille. La division de la droite donna ici la victoire aux Jacobins.

Carnot était dans son rôle en défendant l'armée contre les Jacobins, dont, malheureusement, il ne fut que trop souvent l'allié. Jamais il n'oublia qu'il avait été soldat, et devant le pays envahi par l'étranger, il mérita un nom qui devait survivre à celui du régicide, du proscripteur : celui de l'organisateur de la victoire. Comme plus d'un terroriste d'ailleurs, il devait être assagi par l'expérience même d'une liberté sans frein, et lorsque M. de Vaublanc fut devenu membre du Conseil des Cinq-Cents, Carnot représentait, avec Barthélemy, l'élément modéré du Directoire contre le triumvirat de Barras, Rewbel, Lareveillère.

Le renouvellement par tiers des deux Conseils avait alors assuré aux hommes d'ordre les deux tiers des voix, et il n'y avait qu'à attendre une année encore pour que l'unanimité fût acquise à leur cause.

L'amiral Villaret-Joyeuse, du Conseil des Cinq-Cents, négociait pour décider Carnot à se prononcer en faveur de la majorité. Il le conduisit chez M. de Vaublanc qui demeurait alors boulevard des Italiens. D'autres entrevues suivirent.

Longs furent les pourparlers. Carnot hésitait. Le ressentiment qui animait le membre du Directoire contre les triumvirs le poussait vers le parti de l'ordre. Mais le souvenir de la condamnation de Louis XVI retenait le régicide. Il redoutait d'être rejeté « avec mépris » par les royalistes qu'il aurait fait triompher. L'amiral Villaret-Joyeuse et M. de Vaublanc essayaient de lui faire comprendre que le titre de sauveur du pays subsisterait seul dans la mémoire de leurs amis. Ils lui montraient les proscriptions jacobines, aussi menaçantes pour lui que pour eux ; les avantages qu'il y aurait à opposer aux soldats de Hoche les soldats de Pichegru, peut-être même ceux de Bonaparte. N'était-ce pas à Carnot, d'après son témoignage, et non à Barras, comme on le disait, que le jeune général devait le commandement de l'armée d'Italie ? Il était, ajoutait-il, le seul membre du Directoire capable, par ses connaissances militaires, d'examiner le plan de campagne de Bonaparte. Mais Barras nous dit dans ses *Mémoires*, que c'était lui qui avait recommandé son protégé à Carnot.

Les souvenirs du conventionnel l'emportèrent sur les haines du directeur. Le 18 fructidor, suivant la prédiction de M. de Vaublanc et de l'amiral Villaret-Joyeuse, Carnot partageait le sort de la majorité : il était condamné à la déportation ; les soldats d'Augereau avaient sauvé le triumvirat.

Cette fois encore M. de Vaublanc put gémir sur le manque d'union et de direction qui faisait échouer toute tentative pour le rétablissement de l'ordre.

Pendant son exil, M. de Vaublanc, alors en Suisse, allait un jour dîner dans une campagne habitée par M. de Vintimille, l'ancien aide de camp du prince de Cobourg et du général Mack, et par M. Adrien Duport, l'ancien membre de l'Assemblée nationale.

M. de Pastoret, M. de Pontécoulant figuraient parmi les invités, ainsi qu'un convive qui n'était connu que de ce dernier, et qui portait « une énorme perruque noire ».

« Pendant le dîner, dit M. de Vaublanc, Vintimille parla de la bataille de Maubeuge, perdue, dans la seconde année de la guerre, par le prince de Cobourg. Il disait que ce prince était prêt à saisir la victoire ; que la gauche des Français était en déroute, lorsque les choses changèrent entièrement. Il me semble, disait-il, que je vois encore cet homme grêle, pâle, de mauvaise mine, qui n'avait pas même un habit uniforme, et qui, un drapeau à la main, conduisait la droite des Français à travers un marais, pour attaquer notre aile gauche. » — « Il ajouta beaucoup de traits plaisants à la peinture qu'il faisait de l'homme grêle et pâle. »

Le convive à la perruque noire éclata de rire. M. de Vintimille scruta ce visage étrange, et soudain : « Vous êtes Carnot ! » s'écria-t-il.

C'était lui, en effet.

« Et bien, répondit le proscrit, c'est moi qui suis cet homme de mauvaise mine que vous avez tant maudit. J'étais au centre de l'armée avec le général Jourdan, lorsque vous enfonciez notre aile gauche. Le général se prépara à la soutenir, et même donna ordre de faire marcher des bataillons de la droite pour renforcer le centre. Je lui dis aussitôt : « Général, c'est ainsi que l'on perd les ba-
« tailles. Ne voyez-vous pas que l'ennemi a affaibli son aile
« gauche pour renforcer sa droite, et tomber sur notre
« gauche ? C'est là qu'il faut marcher. Dès ce moment, je
« prends tout sur moi, comme représentant du peuple. »
Je saisis un drapeau ; je me fis suivre d'une partie du centre ; et porté à la droite, je marchai rapidement à travers un marais. Ce mouvement remplit nos troupes d'ardeur. L'ennemi ne l'avait point prévu. Je trouvai son aile gauche incertaine, ébranlée ; sa déroute fut prompte, et entraîna le reste de l'armée autrichienne. »

Du témoignage identique de deux adversaires, M. de Vaublanc concluait à la véracité de leurs récits. « Le reste de leur entretien nous confirma plus encore dans l'idée que la victoire de Maubeuge était due à Carnot ; mais M. le maréchal Jourdan pourra prouver le contraire. »

Dans cette rencontre si inopinée, M. de Vaublanc entretint longuement Carnot du plan qu'ils avaient naguère élaboré avec l'amiral Villaret-Joyeuse, et qui eut probablement réussi sans l'hésitation de l'ancien conventionnel. « Il était parfaitement d'accord sur ce succès. Il n'avait pas changé d'opinion sur l'issue probable du plan, mais il conservait toujours la profonde conviction qu'après la victoire, les royalistes l'auraient sacrifié. » Dans ses *Mémoires sur Carnot* (1), M. Hippolyte Carnot n'attribue qu'aux principes républicains de son père le refus d'avoir répondu

---

(1) 2 vol., 1861-1863.

aux avances des hommes d'ordre. Ses relations avec eux n'auraient eu d'autre but que de contrebalancer la politique intolérante des Jacobins contre les *ralliés* d'alors. Il aurait voulu prouver « par une sage pratique des institutions nouvelles qu'elles offraient toutes les garanties désirables de libéralisme et de stabilité; il voulait travailler à la formation d'un parti conservateur de la République ».

II

DIX-HUIT ANS PLUS TARD. — METZ, MARS 1815.

Après avoir soutenu le général Bonaparte, Carnot s'était éloigné de l'empereur, mais il était revenu à lui dans le péril de la patrie, après la campagne de Russie. Suivant un témoignage recueilli par M. de Vaublanc, il avait donné à Napoléon, en 1814, des conseils que l'Empereur n'avait pas écoutés : « J'ai appris, d'un ancien officier du génie, camarade de Carnot, que celui ci lui avait dit qu'au moment de partir pour Anvers, dont il venait d'être nommé gouverneur, il avait conseillé à Bonaparte de se tenir constamment appuyé sur les places fortes de l'Est et du Nord et de faire une guerre défensive. Il avait ajouté, disait-il, que si, dans cette position, contraint à une bataille, il la perdait, elle ne serait pas décisive. »

Si ces conseils eussent été écoutés, Carnot aurait-il sauvé Napoléon? Peut-être n'eût-il fait que retarder l'écroulement du colosse.

Gouverneur d'Anvers, Carnot ne consentit à rendre cette ville qu'après avoir reçu l'assurance que les Bourbons avaient été rappelés par la volonté du peuple et non par la main de l'étranger. Louis XVIII lui conserva son grade de lieutenant-général en activité. L'ancien conventionnel porta de nouveau la croix de Saint-Louis accordée avant la Révolution à l'officier du génie. Mais au retour de l'île d'Elbe, alors que Napoléon marchait sur Paris, Carnot fut mis sur les listes d'arrestation et dut se cacher. Il reçut alors de M. de Vaublanc une marque d'intérêt qu'il n'oublia pas, nous le verrons plus loin.

M. de Vaublanc était depuis 1805 préfet de la Moselle. Comme beaucoup de royalistes qui désespéraient du retour des Bourbons, il avait accepté, avec l'empire, le triomphe de ce principe d'autorité dont le besoin se fait toujours sentir aux temps d'anarchie. Mais il avait accueilli avec joie le retour de ses princes légitimes. Il avait été maintenu dans sa préfecture.

Il rencontrait à Metz le maréchal Oudinot.

Comme le républicain Carnot, comme le royaliste M. de Vaublanc, le maréchal de l'empire avait été délié, par l'abdication de l'empereur, de son serment de fidélité. Plus qu'eux il avait souffert de la chute de Napoléon, mais il avait servi le nouveau gouvernement avec la résignation du soldat qui met au-dessus de tout la patrie.

Oudinot commandait l'ancienne garde impériale qu'il eût souhaité voir devenir garde royale. Ce vœu n'avait pas été exaucé en son temps, et lorsqu'il le fut, en mars 1815, c'était trop tard.

L'ancienne garde était reléguée en Lorraine. Les grenadiers avaient été nommés grenadiers de France. Ils étaient en garnison à Metz. Lorsque le duc de Berry avait passé dans cette ville, il avait vu dans un festin les officiers tirer leurs épées, les croiser au dessus de sa tête, et cet hommage avait réjoui le cœur de la jeune compagne que le maréchal avait associée à sa vie et qui appartenait à l'ancienne noblesse française. Mais n'était-ce pas aussi sous la *voûte d'acier* que la garde nationale avait fait passer Louis XVI à l'Hôtel de Ville?

M. de Vaublanc, l'un des acteurs du grand drame de la Révolution, ne partageait pas les illusions de la jeune maréchale. Il ne se laissa pas non plus leurrer par le joyeux tapage avec lequel la garnison fêta la Saint-Louis au milieu du choc des verres et dans l'animation des danses. Il avait vu se succéder en sens contraire tant de manifestations! Un seule chose lui semblait digne d'attention : le silence. Et ce silence il le constatait bientôt chez les vieux soldats de l'empire. « Je remarquais, dans la partie de l'ancienne garde qui était à Metz, non seulement la plus grande discipline, mais encore une sagesse, une tranquillité, qui annonçaient un même esprit formé et entretenu par de puissantes inspirations. Les soldats semblaient avoir renoncé à leurs plaisirs ordinaires ; jamais dans les lieux de danse et de jeux ; ils se promenaient silencieusement ; pas un n'était puni. Un officier supérieur de l'artillerie s'entretenant de tout cela avec moi, me disait : « C'est comme un couvent ; j'aimerais mieux qu'ils fissent des fautes, qu'on fût obligé quelquefois de les punir, qu'il y eût parmi eux des dissentiments d'opinions. Ils ne forment qu'une âme, dominée par une volonté supérieure. »

Mars 1815, disions-nous au début de ce chapitre. En ce mois, vers le 20, il y a bal à la Princerie, siège du gouvernement militaire de Metz. La maréchale va s'habiller. Songe-t-elle alors aux *grenades* que, suivant une délicate pensée du « grenadier Oudinot », elle ajoutait à sa blanche parure dans la fête récente dont nous rappelions tout à l'heure le souvenir et où elle croyait voir les vieux compagnons de guerre du maréchal s'unir à elle pour honorer un Fils de France ? (1)

Voici qu'arrive à la jeune femme une grave nouvelle : le retour de l'île d'Elbe, la marche rapide de Napoléon sur Paris.

Depuis les jours qui ont suivi son mariage, il y a trois ans, elle n'a plus dansé ; elle a surpris la jalouse souffrance du maréchal, jeune encore cependant, alors qu'il l'a vue se livrer avec l'entrain de ses dix-sept ans au plaisir d'un bal improvisé. Mais dans cette soirée de mars c'est lui qui dit à sa jeune femme : « Vous danserez ce soir, ma chère, vous ferez bonne contenance, vous ne saurez rien et vous ne devrez permettre à personne devant vous de rien savoir ;

---

(1) *Le maréchal Oudinot, duc de Reggio ; d'après les souvenirs inédits de la maréchale*, par Gaston STIEGLER. Préface de M. le marquis COSTA DE BEAUREGARD. Paris, Plon. 1898. Huitième édition.

j'ai besoin d'un bal animé, car, pendant sa durée, j'aurai dans mon cabinet un conseil extraordinaire, composé des généraux et des colonels et des notables de la contrée. »

Quelques moments après la maréchale ouvrait ce bal où, aux sons joyeux de l'orchestre, les brillants uniformes se mêlaient aux élégantes toilettes. Sans doute on admirait la grâce charmeresse de la jeune femme. Mais si une émotion intérieure donnait un éclat plus vif à ses « grands yeux de velours noir », à son « teint éblouissant » (1), il était permis de n'y voir que l'animation d'une fête. On ignorait, — ou l'on feignait d'ignorer — ce que son cœur recélait d'angoisses à la pensée de ce que souffrait l'époux bien-aimé placé entre les souvenirs du passé et les devoirs de l'heure présente. Mais elle était de la race de ces vaillantes qui savent mettre leur courage au niveau de toutes les épreuves. Pour rejoindre son mari blessé, n'avait-elle pas, suivant l'expression d'un éloquent historien (2), fait la campagne de Russie pour son voyage de noces?

Pendant que les danses se succédaient presque sans interruption, le maréchal conférait avec les autorités militaires et civiles. Le comte de Vaublanc était là.

Nous le rappelions plus haut : l'abdication de l'empereur avait délié le maréchal et le préfet du serment qu'ils lui avaient prêté, l'un par inclination, l'autre par raison. Maintenant Napoléon revenait. Oudinot et M. de Vaublanc demeurèrent fidèles au serment dont rien ne les avait déliés.

La première impression qui domina à Metz dans la population civile fut la stupeur, dit M. de Vaublanc, et avec la stupeur, la crainte des vengeances impériales. La peur ! M. de Vaublanc en avait vu les funestes effets pendant la Révolution. C'était la peur qui avait mis l'Assemblée législative sous le joug de la Montagne. C'était la peur qui avait asservi la France à cette poignée de jacobins dont le règne fut si justement nommé *la Terreur*.

---

(1) *Souvenirs inédits de la comtesse de la Ferronays*, cités, par le marquis Costa de Beauregard, *l. c.*
(2) M. le marquis Costa de Beauregard.

Cette peur, le préfet de la Moselle la reconnut bien parmi ses administrés. « Je me rappelle entre autres, dit-il, qu'un grand propriétaire vint dans mon cabinet, tout effaré ; et sans préambule, me déclara que le peuple voulait Bonaparte, qu'il était enchanté de son retour. Je lui demandai sur quelles preuves il fondait ce discours. Il me dit qu'il entendait le peuple témoigner sa joie, son enthousiasme, et que des mères disaient : « S'il n'y avait plus de conscription, « que ferions-nous de nos enfants ? »

« A ces mots je vis bien qu'il était dans le délire de cette passion terrible qu'on appelle la peur, et qui, suivant l'expression de Montaigne, donne de furieux éblouissements. Il était hors de lui ; il me faisait pitié : « Monsieur, lui « dis-je, elles ont peur, vous avez peur. Allez vous repo- « ser. Croyez-moi, Bonaparte ne fera pas attention à vous. « Calmez-vous, restez tranquille. » — « Dans des moments semblables, ajoute M. de Vaublanc, la pauvre espèce humaine descend à un degré d'avilissement impossible à décrire, se flétrit elle-même et se place au-dessous des plus vils animaux, qui tous ont un courage d'instinct dans les périls où ils sont jetés. » (1)

Dans sa muette discipline l'armée se taisait, mais, on le savait, de simples soldats avaient, dès le mois de février, reçu de leurs camarades de l'île d'Elbe des lettres qui faisaient pressentir le retour de Napoléon.

Suivant les ordres qu'il avait reçus, Oudinot venait d'expédier à Toul une colonne des grenadiers de France. Il les rejoignit le soir, emmenant la jeune et digne compagne de sa vie héroïque. Tous deux descendirent dans une auberge de la place d'Armes. Les rapports faits au maréchal témoignaient que les troupes ne marcheraient pas avec lui contre Napoléon. Comment dès lors accueilleraient-elles le cri de *Vive le Roi* qu'il voulait jeter à la revue du lendemain ?

Pour s'en assurer il convoque tous les officiers dans cette unique chambre d'auberge qui a pu lui être donnée.

---

(1) *Mémoires*, tome III de la première édition.

Là se passe une scène digne d'être burinée par Tacite et dont la maréchale a su reproduire, en ses palpitants mémoires, la tragique grandeur.

« Peu d'instants après, un triple rang de ces messieurs se serrait dans notre chambre, en un cercle ayant le maréchal dans son centre. Il les laissa tous se placer en silence, puis il s'exprima à peu près en ces termes : « Messieurs, dans les circonstances actuelles, je viens en appeler à votre loyauté ; nous marchons avec la cocarde blanche ; je dois vous passer en revue demain avant notre départ ; par quel cri, vous et la troupe, répondrez-vous à mon : Vive le Roi ? »

« Un silence absolu suivit ces paroles. Jamais rien de plus saisissant ne passa sous mes yeux. Cachée derrière un rideau, j'étais restée témoin forcé de cette scène unique. Deux flambeaux d'auberge l'éclairaient assez pour qu'on n'en perdît rien ; mais leurs pâles reflets sur ces mâles et sombres visages étaient d'un effet indescriptible. Ce silence, tout expressif qu'il était, ne pouvait être adopté par le maréchal comme une réponse ; je voyais l'orage prêt à éclater ; chaque seconde était un siècle... Enfin ces paroles s'échappèrent de la poitrine du maréchal. « Eh bien ! messieurs ? » — « Alors s'avança un jeune officier d'un grade inférieur et il dit : « Monsieur le Maréchal, oui, il faut vous répondre, personne ici ne me démentira, à votre cri de « Vive le Roi, » la troupe et nous tous nous répondrons : Vive l'Empereur ! — Je vous remercie, Monsieur, répondit le maréchal ; puis il les salua et ils s'écoulèrent jusqu'au dernier sans qu'un mot de plus fût prononcé.

« Jamais rien de cette scène ne s'effacera de mon souvenir ; j'en frissonne encore et je la retrouve sous ma plume bien loin de sa réalité saisissante. »

Cependant Oudinot poursuivait sa marche. A Chaumont les grenadiers arborèrent la cocarde tricolore. L'épreuve était faite. Le maréchal revint à Metz.

Un autre péril menaçait : l'invasion. Et fût-ce pour le rétablissement de la royauté, M. de Vaublanc en repoussait l'idée avec la même horreur qu'Oudinot.

Dans un conseil qui, selon M. de Vaublanc, précéda la marche d'Oudinot sur Toul et, suivant la maréchale, n'eut lieu qu'après, le maréchal et le préfet déclarèrent l'état de siège. « Oui, écrit avec une patriotique énergie la compagne d'Oudinot, il fallait la garder d'abord à la patrie, cette place frontière. »

Nous retrouvons dans l'admirable lettre d'Oudinot à l'un de ses compagnons d'armes, le maréchal Davout, le même cri qui jaillissait du cœur de sa femme. Dans cette lettre qu'il lut à M. de Vaublanc et où il refusait avec fierté le pardon que lui offrait l'Empereur — ce pardon qu'il n'avait pas à demander, — celui qui ne voulait plus être que « le grenadier Oudinot » écrivait : « Mon cher maréchal, en retournant sur mes places fortes, je n'ai eu, ainsi que tu le juges bien, d'autre but que celui de les conserver à la France et d'employer tous mes moyens pour que l'étranger n'y pénètre sous aucun prétexte, même en petite portion. Les menaces sur la frontière viennent de me porter à les déclarer en état de siège, et c'est après avoir pris l'avis des notables, civils et militaires, qui, en assemblée, ont arrêté, unanimement qu'il y avait urgence. »

Hélas! si le souci de garder *avant tout* à la France la place frontière avait inspiré cinquante-cinq ans après un autre maréchal, la France ne porterait peut-être pas aujourd'hui le deuil de ses deux filles bien-aimées : Metz, Strasbourg...

Ce généreux souci de maintenir l'intégrité du territoire, un prince français le partageait en suivant Louis XVIII en exil. Le 24 mars 1815, Castellane écrivait dans son journal : « Le duc d'Orléans a quitté cette ville (Lille) pour aller s'embarquer à Ostende, son discours aux troupes a beaucoup plu. « Le prince d'Orange, a-t-il dit, offre d'entrer
« comme auxiliaire du roi Louis XVIII ; mais je suis Fran-
« çais avant tout. J'ordonne de fortifier les places et de faire
« feu sur les troupes étrangères. »

Ainsi que l'écrivait Oudinot au maréchal Davout, le nouveau ministre de la guerre, et M. de Vaublanc au lieutenant général Carnot, le nouveau ministre de l'Intérieur, la lutte des partis les mettait tous deux dans une pénible situation. Et en effet une partie de la garnison et de la population, bien loin de comprendre le but patriotique de la mise en état de siège, s'imagina au contraire que cette mesure avait pour objet de livrer Metz aux Prussiens. Ce bruit fut accueilli par le glorieux vainqueur de Reggio « avec un froid dédain », par le très français comte de Vaublanc avec une explosion d'indignation. Le préfet lutta de courage civique avec le maréchal pour tenir tête à l'émeute menaçante.

Bientôt les cris de joie succédaient aux sourds grondements de la foule ; le drapeau tricolore avait été hissé à la plus haute tour de la cathédrale.

Quand Oudinot vit flotter « ces trois couleurs qui lui avaient été si chères et qu'il ne pouvait saluer », lorsqu'il dut « se retirer devant ce brillant drapeau pour lequel il s'était battu victorieusement pendant vingt ans », son cœur se brisa. « Mais, dit le plus intime témoin de sa douleur, il avait été relevé, par la première abdication de l'Empereur, de son serment aux trois couleurs ; mais c'était sous le drapeau blanc qu'il était venu prendre le commandement de Metz ; il ne devait en sortir que sous cet emblème. » Le maréchal partit.

Plus d'un demi-siècle après, sous ce drapeau tricolore glorieusement servi par les fils d'Oudinot, un petit-fils du maréchal, le lieutenant Antoine de Vesins, tombait au champ d'honneur de Gravelotte, pour la défense de cette place forte que son aïeul avait voulu avant tout « garder à la France ». La fille d'Oudinot et de sa vaillante compagne de guerre lui avait transmis leur sang uni à celui d'une autre race militaire. Elle avait été « son premier colonel » et elle connaissait si bien l'indomptable ardeur qui l'entraînait au feu et le consumait loin du péril que, le jour même où il devait être mortellement frappé, elle priait pour qu'il se battît. Grièvement blessé, il se battait encore. Lorsqu'il reçut le coup suprême, il tomba en se signant et, comme Roland, la face tournée contre l'ennemi, menaçant encore dans la mort l'envahisseur de la France.

La fille d'Oudinot, la mère d'Antoine de Vesins, porte depuis vingt-huit ans le deuil de son jeune héros, et au milieu des larmes dont la source est intarissable, elle demeure fière du fils bien-aimé en qui a revécu la glorieuse jeunesse du maréchal : « Je crois que Dieu me pardonne l'orgueil d'un tel amour », écrivait-elle récemment ; parole admirable que nous osons répéter ici en trahissant le secret d'une correspondance privée. Mais plus que jamais il est nécessaire que de semblables exemples soient offerts aux femmes de France. Le jour où beaucoup de mères auront su faire passer dans l'âme de leurs fils le souffle de l'héroïsme, notre pays sera sauvé. Il en est temps.

Mais quittons les évocations de ce qui, en 1815, était l'avenir, de ce qui pour nous est le passé, le passé toujours vivant et saignant.

Après le départ du maréchal, M. de Vaublanc était demeuré à Metz. Il redoutait plus encore le retour de l'anarchie sociale que celui de l'empereur. Le concours de Fouché et de Carnot avait paru donner au rétablissement de l'empire une couleur républicaine que les fauteurs de désordre pouvaient exagérer et qui ne laissait pas d'inquiéter Napoléon. L'empereur avait dit à Carnot « que Fouché était un traître et qu'il le ferait fusiller ». Les mots de République, de pacte fédératif, avaient été prononcés avant l'arrivée de Napoléon à Paris ; les révolutionnaires avaient coiffé son buste du bonnet rouge. Dans ces circonstances, et bien que le roi eût passé la frontière, M. de Vaublanc, tout en donnant sa démission, crut devoir demeurer encore à son poste pour le maintien de l'ordre. Ce fut alors que Carnot lui écrivit la lettre autographe dont nous avons retrouvé l'original et dont le texte intégral est publié ici pour la première fois :

« Paris, 28 mars 1815.

« Monsieur et ancien collègue,

« Je réponds ici à votre lettre confidentielle, je répondrai par les bureaux à vos dépêches.

« Je suis profondément affligé des événements qui vous

ont mis dans la position critique où vous vous trouvez (1). La différence politique de vos opinions d'avec les miennes ne m'a jamais empêché de conserver pour vous l'estime qu'inspirent toujours les vertus privées et les talents distingués. L'intérêt que vous m'avez témoigné dernièrement à l'occasion de mon fils lorsque j'étais proscrit (2) vous honore infiniment à mes yeux et m'impose de la reconnaissance (3). Vous savez comme moi, monsieur et ancien collègue (4), que, dans les mouvements révolutionnaires, on est sans boussole, et que ce sont les événements qui décident si on a eu tort ou raison ; d'après ce principe (5), j'ai eu tort bien longtemps, comme vous le savez, et aujourd'hui c'est vous. Mais aussi votre loyauté et votre patriotisme éclairé me sont de sûrs garants que votre dévouement pour l'empereur sera bientôt aussi pur, aussi entier qu'il l'était pour les Bourbons ; et je ne doute pas que Sa Majesté, qui cherche surtout des hommes courageux et habiles, ne vous rende sa faveur. Vous avez senti vous-même que, dans l'état actuel des choses (6), vous ne pouviez plus rester en place (7) et l'empereur m'a ordonné de nommer à votre préfecture. C'est M. de la Doucette qui est désigné (8). J'approuve beaucoup (9) l'assurance que vous me donnez de conserver courageusement jusqu'alors (10) le dépôt qui vous est confié, et de ne rien négliger pour maintenir l'ordre dans ces circonstances difficiles.

(1) Ce préambule manque au texte publié par M. de Vaublanc dans ses Mémoires.
(2) Les Mémoires disent : « L'intérêt que vous avez témoigné lorsque j'étais proscrit ». Nous avons vainement cherché dans les Mémoires de M. Hippolyte Carnot sur son père, quelque trace du service rendu par M. de Vaublanc à Carnot « à l'occasion de son fils ».
(3) Texte des Mémoires : « *M'inspire* de la reconnaissance ».
(4) Titres supprimés dans les Mémoires.
(5) Ces principes. *Texte des mémoires.*
(6) Membre de phrase supprimé. *Id.*
(7) « Conserver votre place ». *Id.*
(8) Le texte des Mémoires supprime ce qui a trait au remplacement de M. de Vaublanc.
(9) « Mais j'apprécie beaucoup. » Texte des *Mémoires,*
(10) La suppression de ce qui se rapporte au remplacement du préfet a entraîné dans les *Mémoires* la radiation des mots : « jusqu'alors ».

« Croyez, Monsieur et ancien collègue, que si comme ministre je suis obligé de donner ces ordres, je n'en conserve pas moins l'estime la plus sincère pour votre caractère moral (1).

« CARNOT. »

Un autre motif encore que celui de maintenir l'ordre semble avoir retenu à Metz le comte de Vaublanc : il ne croyait pas à la durée du régime rétabli.

La députation du Conseil général mise en permanence par Louis XVIII était venue annoncer au préfet sa destitution, et lui exprimer le vœu de le voir rester à la tête du département. « Je lui répondis que j'étais résolu de rester fidèle au roi, et que je n'avais aucun mérite à prendre cette résolution, parce que j'étais convaincu qu'avant deux mois le roi serait à Paris. »

De telles paroles n'étaient pas pour plaire au régime impérial. M. de Vaublanc savait d'ailleurs que, dès les premiers jours de troubles, un officier d'artillerie, muni d'un congé, avait quitté Metz pour gagner Paris en toute hâte et instruire le gouvernement des faits qui s'étaient produits dans cette ville. Dans l'éventualité d'une arrestation, il avait tout préparé pour sa fuite.

Ce moment ne tarda pas. L'ordre d'arrestation avait été signé non par Carnot, mais par le maréchal Davout en sa qualité de ministre de la guerre.

Le comte de Vaublanc put franchir la frontière, arriver à Luxembourg et rejoindre le roi à Gand. Trois mois après il le suivait en France. Il devenait ministre de l'intérieur en 1816, comme l'avait été en 1815 Carnot qui, à son tour, était exilé. L'un et l'autre étaient demeurés fidèles à leur dernier serment, Carnot à son dernier serment impérialiste, M. de Vaublanc à son dernier serment royaliste.

Dans les jeux de bascule que produisent les fréquents changements de régime, chacun des deux avait fini par trouver son assiette fixe dans la fidélité au gouvernement qui se rattachait plus ou moins à ses premières convictions :

---

(1) Alinéa supprimé dans le texte des *Mémoires*.

le vieux républicain l'avait rencontrée dans le régime impérial né de la Révolution, le légitimiste dans le retour aux anciennes traditions monarchiques de la France.

En citant une partie de la lettre que Carnot lui avait écrite le 28 mars 1815, M. de Vaublanc avait souligné et répété cette phrase « remarquable », disait-il : « Ce sont les événements qui décident si l'on a eu tort ou raison. » Il ajoutait : « Après tant de révolutions faites si facilement depuis quarante ans, nous devrions les regarder comme des jeux politiques, où l'on est tantôt heureux, tantôt malheureux, en parler froidement avec nos adversaires comme des chances ordinaires de la vie humaine, et après avoir été amis fidèles et ennemis généreux, n'avoir de ressentiments que pour les crimes. »

Sous une forme plus familière et plus railleuse, mais dans le même esprit de mansuétude, Mgr Darboy me disait quatre ans avant son martyre : « Depuis quatre-vingts ans la France a été bouleversée par tant de révolutions que là où il y a deux ou trois personnes, il y a au moins quatre ou cinq opinions. »

Au milieu de toutes les phases de sa vie politique, le comte de Vaublanc garda toujours une règle fixe dans le principe d'autorité dont il n'exagéra d'ailleurs que trop l'application comme ministre et comme pair de France. Mais pouvait-il en être autrement ? Créole de Saint-Domingue, et, nous sommes désolée de le dire, esclavagiste d'autant plus convaincu qu'il fut un maître aussi charitable qu'absolu, il était né autoritaire. Et alors que les abus les plus criminels de la liberté viennent trop souvent décourager de cette liberté même ceux qui l'ont appelée de leurs vœux fervents, peut-on demander que ce spectacle guérisse les partisans du pouvoir absolu ?

M. de Vaublanc avait donné pour conclusion à ses Mémoires cette parole :

« L'autorité, une fois établie, devient ce qu'elle se fait, et ne périt que par elle-même. »

Lorsque M. de Vaublanc formulait cet axiome, il avait vu s'écrouler le trône de Charles X, et ne pouvait cependant attribuer cette chute au manque d'autorité. Il est vrai que le défenseur du pouvoir absolu cherchait la principale cause de la révolution de 1830 dans les huit premières années de la Restauration. Mais dans ces années, qui comptent parmi les plus belles de notre XIXe siècle, la liberté de tous avait justement pour frein, en même temps que pour sauvegarde, ce principe d'autorité sans lequel un peuple tombe dans l'anarchie.

Lyon. — Imprimerie Emmanuel VITTE, rue de la Quarantaine, 18.

www.ingramcontent.com/pod-product-compliance
Lightning Source LLC
Chambersburg PA
CBHW070500080426
42451CB00025B/2963